《企业会计准则第42号——持有待售的非流动资产、处置组和终止经营》应用指南 2018

财政部会计司编写组　编著

中国财经出版传媒集团
中国财政经济出版社

图书在版编目（CIP）数据

《企业会计准则第42号——持有待售的非流动资产、处置组和终止经营》应用指南.2018/财政部会计司编写组编著.—北京：中国财政经济出版社，2018.5

ISBN 978-7-5095-8270-1

Ⅰ.①企… Ⅱ.①财… Ⅲ.①企业-会计准则-中国-指南 Ⅳ.①F279.23-62

中国版本图书馆CIP数据核字（2018）第096200号

责任编辑：庞丽佳　　　　　　　责任校对：张　凡
封面设计：王　颖

中国财政经济出版社　出版

URL：http://www.cfeac.com

E-mail：cfeac@cfemg.cn

（版权所有　翻印必究）

社址：北京市海淀区阜成路甲28号　邮政编码：100142

营销中心电话：010-88191522

天猫网店：中国财政经济出版社旗舰店

http://zgczjjcbs.tmall.com

北京富生印刷厂印刷　各地新华书店经销

787×1092毫米　16开　4印张　47 000字

2018年7月第1版　2018年7月北京第3次印刷

定价：14.00元

ISBN 978-7-5095-8270-1

（图书出现印装问题，本社负责调换）

本社质量投诉电话：010-88190744

打击盗版举报热线：010-88191661，QQ：2242791300

目 录

一、**总体要求** / 1

二、**关于适用范围** / 4
 （一）持有待售的非流动资产或处置组的分类、计量和列报 / 4
 （二）终止经营的列报 / 6

三、**关于持有待售类别的分类** / 10
 （一）持有待售类别分类的基本要求 / 10
 （二）某些特定持有待售类别分类的具体应用 / 15

四、**关于持有待售类别的计量** / 19
 （一）初始计量 / 19
 （二）后续计量 / 22
 （三）不再继续划分为持有待售类别的计量 / 31
 （四）终止确认 / 32

五、**关于持有待售类别和终止经营的列报** / 35
 （一）资产负债表列示 / 35
 （二）利润表列示 / 36
 （三）附注披露 / 39
 （四）特殊事项的列报 / 41

六、衔接规定 / 44

附录一　企业会计准则第 42 号——持有待售的非流动资产、处置组和终止经营 / 45

附录二　《企业会计准则第 42 号——持有待售的非流动资产、处置组和终止经营》起草说明 / 53

一、总体要求

《企业会计准则第 42 号——持有待售的非流动资产、处置组和终止经营》（以下简称本准则）规范了持有待售的非流动资产或处置组的分类、计量和列报，以及终止经营的列报。

本准则明确了持有待售类别的基本划分原则，即如果企业主要通过出售而非持续使用一项非流动资产或处置组收回其账面价值，应当将其划分为持有待售类别。

本准则规定，持有待售的非流动资产或处置组的账面价值高于公允价值减去出售费用后的净额的，应当将账面价值减记至公允价值减去出售费用后的净额，同时确认资产减值损失和计提持有待售资产减值准备。公允价值减去出售费用后的净额后续增加的，以前减记的金额应当予以恢复，但已抵减的商誉账面价值和适用本准则计量规定的非流动资产在划分为持有待售类别前确认的资产减值损失不得转回。持有待售的非流动资产或处置组中的非流动资产不应计提折旧或摊销。

本准则规定，企业应当在资产负债表中单独列示持有待售资产和持有待售负债，两者不能抵销；在利润表中分别列示持续经营损益和终止经营损益；在附注中进一步披露有关持有待售的非流动资产、处置组和终止经营的详尽信息。

企业应当设置以下科目，正确记录和反映持有待售的非流动资产和处置组的相关交易或事项：

1."1481 持有待售资产"科目。本科目核算持有待售的非流动资产和持有待售的处置组中的资产。本科目按照资产类别进行明细核算。企业将相关非流动资产或处置组划分为持有待售类别时，按各类资产的账面价值或账面余额，借记本科目，按已计提的累计折旧、累计摊销等，借记"累计折旧""累计摊销"等科目，按各项资产账面余额，贷记"固定资产""无形资产""长期股权投资""应收账款""商誉"等科目，适用本准则计量规定的非流动资产已计提减值准备的，还应同时结转已计提的减值准备。本科目期末借方余额，反映企业持有待售的非流动资产和持有待售的处置组中资产的账面余额。

2."1482 持有待售资产减值准备"科目。本科目核算适用本准则计量规定的持有待售的非流动资产和持有待售的处置组计提的允许转回的资产减值准备和商誉的减值准备。本科目按照资产类别进行明细核算。初始计量或资产负债表日，持有待售的非流动资产或处置组中的资产发生减值的，按应减记的金额，借记"资产减值损失"科目，贷记本科目。后续资产负债表日持有待售的非流动资产或处置组中的资产减值转回的，按允许转回的金额，借记本科目，贷记"资产减值损失"科目。本科目期末贷方余额，反映企业已计提但尚未转销的持有待售资产减值准备。

3."2245 持有待售负债"科目。本科目核算持有待售的处置组中的负债。本科目按照负债类别进行明细核算。企业将相关处置组划分为持有待售类别时，按相关负债的账面余额，借记"应付账款""应付职工薪酬"等科目，贷记本科目。本科目期末贷方余额，反映企业持有待售的处置组中负债的账面余额。

4."6115 资产处置损益"科目。本科目核算企业出售划分为持有待售的非流动资产（金融工具、长期股权投资和投资性房地产除外）或处置组（子公司和业务除外）时确认的处置利得或损失，以及处置未划分为持有待售的固定资产、在建工程、生产性生物资产及无形资产而产生的处置利得或损失。本科目按照处置的资产类别或处置组进行明细核算。债务重组中因处置非流动资产产生的利得或损失和非货币性资产交换中换出非流动资产产生的利得或损失也在本科目核算。企业处置持有待售的非流动资产或处置组时，按处置过程中收到的价款，借记"银行存款"等科目，按相关负债的账面余额，借记"持有待售负债"科目，按相关资产的账面余额，贷记"持有待售资产"科目，按其差额借记或贷记本科目，已计提减值准备的，还应同时结转已计提的减值准备；按处置过程中发生的相关税费，借记本科目，贷记"银行存款""应交税费"等科目。期末，应将本科目余额转入"本年利润"科目，本科目结转后应无余额。

二、关于适用范围

本准则规范了持有待售的非流动资产或处置组的分类、计量和列报,以及终止经营的列报。除特别说明外,本准则有关持有待售非流动资产或处置组分类、计量和列报的规定同样适用于持有待分配给所有者的非流动资产或处置组。

(一)持有待售的非流动资产或处置组的分类、计量和列报

1. 持有待售的非流动资产的分类、计量和列报。

非流动资产是流动资产以外的资产。按照《企业会计准则第30号——财务报表列报》的规定,流动资产是指满足下列条件之一的资产:(1)预计在一个正常营业周期中变现、出售或耗用;(2)主要为交易目的而持有;(3)预计在资产负债表日起一年内变现;(4)自资产负债表日起一年内,交换其他资产或清偿负债的能力不受限制的现金或现金等价物。

对于持有待售的非流动资产的分类和列报,应当按照本准则规定进行会计处理。对于持有待售的非流动资产(包括处置组中的非流动资产)的计量,应当区分不同情况:(1)采用公允价值模式进行后续计量的投资性房地产,适用《企业会计准则第3号——投资性房地产》;(2)采用公允价值减去出售费用后的净额计量的生物资产,适用《企业会计准则第5号——生物资产》;(3)职工薪酬形成的资产,适用《企业会计准则第9号——职工薪酬》;(4)递延所得税资产,适用《企业会计准则第18号——所得税》;(5)由金融工具相关会计准则规范的金融资产,适用金融工具相关会计准则;(6)由保险合同相关会计准则规范的保险合同所产生的权利,

适用保险合同相关会计准则；（7）除上述各项外的其他持有待售的非流动资产，适用本准则。

2. 持有待售的处置组的分类、计量和列报。

处置组，是指在一项交易中作为整体通过出售或其他方式一并处置的一组资产，以及在该交易中转让的与这些资产直接相关的负债。处置组中可能包含企业的任何资产和负债，如流动资产、流动负债、适用本准则计量规定的固定资产、无形资产等非流动资产、不适用本准则计量规定的采用公允价值模式进行后续计量的投资性房地产、采用公允价值减去出售费用后的净额计量的生物资产、金融工具等非流动资产，以及非流动负债。按照《企业会计准则第8号——资产减值》的规定，企业合并中取得的商誉应当按照合理的方法分摊至相关的资产组或资产组组合，如果处置组即为该资产组或者包括在该资产组或资产组组合中，处置组也应当包含分摊的商誉。

按照《企业会计准则第8号——资产减值》的规定，资产组是指企业可以认定的最小资产组合，其产生的现金流入应当基本上独立于其他资产或者资产组产生的现金流入。处置组可能是一组资产组组合、一个资产组或某个资产组的一部分。如果企业在决定对某处置组进行处置前，该处置组的相关资产或负债本属于某资产组的一部分，在作为处置组后，由于该处置组将主要通过出售而非持续使用产生现金流入，对原资产组内其他资产产生现金流入的依赖减小，此时该处置组重新成为可以认定的最小资产组合，应当作为单独的资产组看待。

对于持有待售的处置组的分类和列报，应当按照本准则规定进行会计处理。对于持有待售的处置组的计量，只要处置组中包含了适用本准则计量规定的非流动资产，本准则的计量规定就适用于整个处置组。处置组中的流动资产、不适用本准则计量规定的非流动资产和所有负债的计量适用相关会计准则。

（二）终止经营的列报

本准则规定，终止经营，是指企业满足下列条件之一的、能够单独区分的组成部分，且该组成部分已经处置或划分为持有待售类别：（1）该组成部分代表一项独立的主要业务或一个单独的主要经营地区；（2）该组成部分是拟对一项独立的主要业务或一个单独的主要经营地区进行处置的一项相关联计划的一部分；（3）该组成部分是专为转售而取得的子公司。

终止经营的定义包含以下三方面含义：

1. 终止经营应当是企业能够单独区分的组成部分。该组成部分的经营和现金流量在企业经营和编制财务报表时是能够与企业的其他部分清楚区分的。企业组成部分可能是一个资产组，也可能是一组资产组组合，通常是企业的一个子公司、一个事业部或事业群。

2. 终止经营应当具有一定的规模。终止经营应当代表一项独立的主要业务或一个单独的主要经营地区，或者是拟对一项独立的主要业务或一个单独的主要经营地区进行处置的一项相关联计划的一部分。并非所有处置组都符合终止经营定义中的规模条件，企业需要运用职业判断加以确定。当然，如果企业主要经营一项业务或主要在一个地理区域内开展经营，企业的一个主要产品或服务线就可能满足终止经营定义中的规模条件。对于专为转售而取得的子公司，本准则对其规模不做要求，只要是单独区分的组成部分且满足时点要求，即构成终止经营。有些专为转售而取得的重要的合营企业或联营企业，也可能因为符合终止经营定义中的规模等条件而构成终止经营。

【例1】某快餐A企业在全国拥有500家零售门店，A决定将其位于Z市的8家零售门店中的一家门店C出售，并于2×17年8月

13 日与 B 企业正式签订了转让协议,假设该门店 C 符合持有待售类别的划分条件。判断 C 是否构成 A 的终止经营。

分析:尽管门店 C 是一个处置组,也符合持有待售类别的划分条件,但由于它只是一个零售点,不能代表一项独立的主要业务或一个单独的主要经营地区,也不构成拟对一项独立的主要业务或一个单独的主要经营地区进行处置的一项相关联计划的一部分,因此该处置组并不构成企业的终止经营。

3. 终止经营应当满足一定的时点要求。符合终止经营定义的组成部分应当属于以下两种情况之一:

(1) 该组成部分在资产负债表日之前已经处置,包括已经出售和结束使用(如关停或报废等)。多数情况下,如果组成部分的所有资产和负债均已处置,产生收入和发生成本的来源消失,这时确定组成部分"处置"的时点是较为容易的。但在有些情况下,组成部分的资产仍处于出售或报废过程中,仍可能发生清理费用,企业需要根据实际情况判断组成部分是否已经处置从而符合终止经营的定义。

【例2】C 企业集团拥有一家经营药品批发业务的子公司 H 公司,药品批发构成 C 的一项独立的主要业务,且 H 在全国多个城市设立了营业网点。由于经营不善,C 决定停止 H 的所有业务。截至 2×17 年 10 月 13 日,已处置了该子公司所有存货并辞退了所有员工,但仍有一些债权等待收回,部分营业网点门店的租约尚未到期,仍需支付租金费用。判断 H 是否构成 C 的终止经营。

分析:由于 H 子公司原药品批发业务已经停止,收回债权、处置租约等尚未结算的未来交易并不构成上述业务的延续,因此该子公司的经营已经终止,应当认为 2×17 年 10 月 13 日后该子公司符合终止经营的定义。

【例3】D 企业集团正在关闭其主要从事放贷业务的 L 子公司,

自 2×17 年 2 月 1 日起，L 公司不再贷出新的款项，但仍会继续收回未结贷款的本金和利息，直到原设定的贷款期结束。判断 L 是否构成 D 的终止经营。

分析：由于 L 子公司仍在从事收回贷款本金和利息的日常经营收入创造活动，直至最后一期本金和利息被收回之前，该子公司不能被认为已被处置，也不符合终止经营的定义。虽然〖例 2〗中也存在 H 子公司收回债权的活动，但该活动仅仅是收回现金的过程，并不继续创造日常经营活动收入，不构成 H 子公司重大的收入创造活动，因此不影响将 H 子公司作为终止经营处理。

【例 4】M 企业决定关闭从事工程承包业务的分部 P，要求分部 P 在完成现有承包合同后不再承接新的承包合同。判断 P 是否构成 M 的终止经营。

分析：在完成现有合同的期间，分部 P 仍在继续开展收入创造活动，无论工程承包是否是 M 的独立的主要业务，在此期间 P 都不符合终止经营的定义。

（2）该组成部分在资产负债表日之前已经划分为持有待售类别。有些情况下，企业对一项独立的主要业务或一个单独的主要经营地区进行处置的一项相关联计划持续数年，组成部分中的资产组或资产组组合无法同时满足持有待售类别的划分条件。随着处置计划的进行，组成部分中的一些资产组或资产组组合可能先满足持有待售类别划分条件且构成企业的终止经营，其他资产组或资产组组合可能在未来满足持有待售类别的划分条件，应当适时将其作为终止经营处理。

【例 5】F 企业集团决定出售其专门从事酒店管理的下属子公司 R 公司，酒店管理构成 F 的一项主要业务。R 子公司管理一个酒店集团和一个连锁健身中心。为获取最大收益，F 决定允许将酒店集团和连锁健身中心出售给不同买家，但酒店集团和健身中心的转让是相互关联的,即两者或者均出售,或者均不出售。F 于 2×17 年 12 月 6 日与 S 企业就转让连锁健身中心正式签订了协议,假设此时连锁健身中心符合了持有待售类别的划分条件,但酒店集团尚不符合持有待售类别的划分条件。判断酒店集团和连锁健身中心是否构成 F 的终止经营。

分析:处置酒店集团和连锁健身中心构成一项相关联的计划,虽然酒店集团和连锁健身中心可能出售给不同买家,但分别属于对一项独立的主要业务进行处置的一项相关联计划的一部分,因此连锁健身中心符合终止经营的定义,酒店集团在未来符合持有待售类别划分条件时也符合终止经营的定义。

不是所有划分为持有待售类别的处置组都符合终止经营的定义,因为有些处置组可能不是"能够单独区分的组成部分"或不符合终止经营定义中的规模条件;也不是所有终止经营都划分为持有待售类别,因为有些终止经营在资产负债表日前已经处置。

三、关于持有待售类别的分类

(一) 持有待售类别分类的基本要求

1. 分类原则。

本准则规定,企业主要通过出售而非持续使用一项非流动资产或处置组收回其账面价值的,应当将其划分为持有待售类别。根据这一原则判断,企业不应当因持有待售的非流动资产或处置组仍在产生零星收入而不将其划分为持有待售类别。因为在这种情况下,通过该资产或处置组的使用收回的价值相对于通过出售收回的价值是微不足道的,资产的账面价值仍然主要通过出售收回。

本准则规定,非流动资产或处置组划分为持有待售类别,应当同时满足两个条件:

(1) 可立即出售。

根据类似交易中出售此类资产或处置组的惯例,在当前状况下即可立即出售。为满足该条件,企业应当具有在当前状态下出售该非流动资产或处置组的意图和能力。为了符合类似交易中出售此类资产或处置组的惯例,企业应当在出售前做好相关准备。例如,按照惯例允许买方在报价和签署合同前对资产进行尽职调查等。

需要特别指出的是,上文所述"出售"包括具有商业实质的非货币性资产交换。如果企业以非货币性资产交换形式换出非流动资产或处置组,且该交易具有商业实质,那么企业应当考虑相关非流动资产或处置组是否符合划分为持有待售类别的条件。同样地,如果企业以非流动资产或处置组作为换出资产进行债务重组,也可能符合划分为持有待售类别的条件。

【例6】G企业在X市区繁华地段拥有一栋办公大楼,企业的主要业务部门均在该大楼内办公。由于发展战略发生改变，G 企业计划整体搬迁至 Y 市。G 企业与 H 企业签订了办公大楼转让合同，附带约定条款。

情形一：G 企业将在腾空办公大楼后将其交付给 H 企业，且腾空办公大楼所需时间是正常且符合交易惯例的。

情形二：G 企业将在 Y 市兴建的新办公大楼竣工并装修完成前继续使用现有办公大楼，竣工并装修完成后将 X 市大楼交付 H 企业。

分析：情形一，在出售建筑物前将其腾空属于出售此类资产的惯例，且腾空只占用常规所需时间，因此，即使 G 企业的办公大楼当前尚未腾空，并不影响其满足在当前状况下即可立即出售的条件。

情形二，"在 Y 市兴建的新办公大楼竣工并装修完成前继续使用现有办公大楼"的条件不属于类似交易中出售此类资产的惯例，使得办公大楼在当前状况下不能立即出售，在新大楼竣工并装修完成前 G 企业虽然已取得确定的购买承诺，办公大楼仍然不符合持有待售类别的划分条件。

【例7】由于 F 企业经营范围发生改变，企业计划将生产 D 产品的全套生产线出售，F 企业尚有一批积压的未完成客户订单。情形一：F 企业决定在出售生产线的同时，将尚未完成的客户订单一并移交给买方。情形二：F 企业决定在完成所积压的客户订单后再将生产线转让给买方。

分析：情形一，由于在出售日移交未完成客户订单不会影响对该生产线的转让时间，可以认为该生产线符合了在当前状况下即可立即出售的条件。

情形二，由于生产线在完成积压订单后方可出售，在完成所有积压的客户订单前，该生产线在当前状态下不能立即出售，不符合划分为持有待售类别的条件。

（2）出售极可能发生。

本准则规定，出售极可能发生，即企业已经就一项出售计划作出决议且获得确定的购买承诺，预计出售将在一年内完成。有关规定要求企业相关权力机构或者监管部门批准后方可出售的，应当已经获得批准。具体来说，"出售极可能发生"应当包含以下几层含义：一是企业出售非流动资产或处置组的决议一般需要由企业相应级别的管理层作出，如果有关规定要求企业相关权力机构或者监管部门批准后方可出售，应当已经获得批准。二是企业已经获得确定的购买承诺，确定的购买承诺是企业与其他方签订的具有法律约束力的购买协议，该协议包含交易价格、时间和足够严厉的违约惩罚等重要条款，使协议出现重大调整或者撤销的可能性极小。三是预计自划分为持有待售类别起一年内，出售交易能够完成。

非流动资产或处置组划分为持有待分配给所有者类别，应当同时满足下列条件：①在当前状况下即可立即分配；②分配很可能发生，即企业已经开展与分配相关的工作，分配出现重大调整或撤销的可能性极小，预计分配将在一年内完成。有关规定要求企业相关权力机构或者监管部门批准后方可分配的，应当已经获得批准。

2. 延长一年期限的例外条款。

有些情况下，可能由于发生一些企业无法控制的原因导致出售未能在一年内完成。如果涉及的出售是关联方交易，本准则不允许放松一年期限条件。如果涉及的出售不是关联方交易，且有充分证据表明企业仍然承诺出售非流动资产或处置组，本准则允许放松一年期限条件，企业可以继续将非流动资产或处置组划分为持有待售类别。企业无法控制的原因包括：

（1）意外设定条件。

买方或其他方意外设定导致出售延期的条件，企业针对这些条件已经及时采取行动，且预计能够自设定导致出售延期的条件起一年内顺利化解延期因素。即企业在初始对非流动资产或处置组进行分类时，能够满足划分为持有待售类别的所有条件，但此后买方或其他方提出一些意料之外的条件，且企业已经采取措施加以应对，预计能够自设定这些条件起一年内满足条件并完成出售，那么即使出售无法在最初一年内完成，企业仍然可以维持原持有待售类别的分类。

【例8】E企业计划将整套钢铁生产厂房和设备出售给F企业，E和F不存在关联关系，双方已于2×17年9月16日签订了转让合同。因该厂区的污水排放系统存在缺陷，对周边环境造成污染。

情形一：E企业不知晓土地污染情况，2×17年11月6日，F企业在对生产厂房和设备进行检查过程中发现污染，并要求E企业进行补救。E企业立即着手采取措施，预计至2×18年10月底环境污染问题能够得到成功整治。

情形二：E企业知晓土地污染情况，在转让合同中附带条款，承诺将自2×17年10月1日起开展污染清除工作，清除工作预计将持续8个月。

情形三：E企业知晓土地污染情况，在协议中标明E企业不承担清除污染义务，并在确定转让价格时考虑了该污染因素，预计转让将于9个月内完成。

分析：情形一，在签订转让合同前，买卖双方并不知晓影响交易进度的环境污染问题，属于符合延长一年期限的例外事项，在2×17年11月6日发现延期事项后，E企业预计将在一年内消除延期因素，因此仍然可以将处置组划分为持有待售类别。

情形二，虽然买卖双方已经签订协议，但在污染得到整治前，该处置组在当前状态下不可立即出售，不符合划分为持有待售类别的条件。

情形三，由于卖方不承担清除污染义务，转让价格已将污染因素考虑在内，该处置组于协议签署日即符合划分为持有待售类别的条件。

(2) 发生罕见情况。

因发生罕见情况,导致持有待售的非流动资产或处置组未能在一年内完成出售,企业在最初一年内已经针对这些新情况采取必要措施且重新满足了持有待售类别的划分条件。即非流动资产或处置组在初始分类时满足了持有待售类别的所有条件,但在最初一年内,出现罕见情况导致出售将被延迟至一年之后。如果企业针对这些新情况在最初一年内已经采取必要措施,而且该非流动资产或处置组重新满足了持有待售类别的划分条件,也就是在当前状况下可立即出售且出售极可能发生,那么即使原定的出售计划无法在最初一年内完成,企业仍然可以维持原持有待售类别的分类。这里的"罕见情况"主要指因不可抗力引发的情况、宏观经济形势发生急剧变化等不可控情况。

【例9】A企业拟将一栋原自用的写字楼转让,于2×07年12月6日与B企业签订了房产转让协议,预计将于10个月内完成转让,假定该写字楼于签订协议当日符合划分为持有待售类别的条件。2×08年发生全球金融危机,市场状况迅速恶化,房地产价格大跌,B企业认为原协议价格过高,决定放弃购买,并于2×08年9月21日按照协议约定缴纳了违约金。A企业决定在考虑市场状况变化的基础上降低写字楼售价,并积极开展市场营销,于2×08年12月1日与C企业重新签订了房产转让协议,预计将于9个月内完成转让,A和B不存在关联关系。

分析:A企业与B企业之间的房产转让交易未能在一年内完成,原因是发生市场恶化、买方违约的罕见事件。在将写字楼划分为持有待售类别的最初一年内,A企业已经重新签署转让协议,并预计将在2×08年12月1日开始的一年内完成,使写字楼重新符合了持有待售类别的划分条件。因此,A企业仍然可以将该资产继续划分为持有待售类别。

3. 不再继续满足划分条件的处理。

持有待售的非流动资产或处置组不再继续满足持有待售类别划分条件的，企业不应当继续将其划分为持有待售类别。部分资产或负债从持有待售的处置组中移除后，如果处置组中剩余资产或负债新组成的处置组仍然满足持有待售类别划分条件，企业应当将新组成的处置组划分为持有待售类别，否则应当将满足持有待售类别划分条件的非流动资产单独划分为持有待售类别。

【例10】假设在〖例9〗中，A企业尽管降低了写字楼售价并积极开展市场营销，但在2×08年12月6日前始终没有找到合适买家，企业也没有将该写字楼用于经营出租的计划。

分析：写字楼不再满足持有待售类别的划分条件，企业A应当根据实际情况，重新将该写字楼作为固定资产。

（二）某些特定持有待售类别分类的具体应用

1. 专为转售而取得的非流动资产或处置组。

对于企业专为转售而新取得的非流动资产或处置组，如果在取得日满足"预计出售将在一年内完成"的规定条件，且短期（通常为三个月）内很可能满足划分为持有待售类别的其他条件，企业应当在取得日将其划分为持有待售类别。这些"其他条件"包括：根据类似交易中出售此类资产或处置组的惯例，在当前状况下即可立即出售；企业已经就一项出售计划作出决议且获得确定的购买承诺。有关规定要求企业相关权力机构或者监管部门批准后方可出售的，应当已经获得批准。

2. 持有待售的长期股权投资。

有些情况下，企业出售对子公司投资但并不丧失对其的控制权，企业不应当将拟出售的部分对子公司投资或对子公司投资整体划分为持有待售类别。

有些情况下，企业因出售对子公司的投资等原因导致其丧失对子公司的控制权，出售后企业可能保留对原子公司的部分权益性投资，也可能丧失全部权益。企业应当在拟出售的部分对子公司投资满足持有待售类别划分条件时，在母公司个别财务报表中将对子公司投资整体划分为持有待售类别，而不是仅将拟处置的部分投资划分为持有待售类别；在合并财务报表中将子公司所有资产和负债划分为持有待售类别，而不是仅将拟处置的部分投资对应的资产和负债划分为持有待售类别。但是，无论对子公司的投资是否划分为持有待售类别，企业始终应当按照《企业会计准则第33号——合并财务报表》的规定确定合并范围、编制合并财务报表。

企业出售对子公司投资后保留的部分权益性投资，应当区分以下情况处理：（1）如果企业对被投资单位施加共同控制或重大影响，在编制母公司个别财务报表时，应当按照《企业会计准则第2号——长期股权投资》有关成本法转权益法的规定进行会计处理，在编制合并财务报表时，应当按照《企业会计准则第33号——合并财务报表》的有关规定进行会计处理；（2）如果企业对被投资单位不具有控制、共同控制或重大影响，在编制母公司个别财务报表时，应当按照《企业会计准则第22号——金融工具确认和计量》进行会计处理，在编制合并财务报表时，应当按照《企业会计准则第33号——合并财务报表》的有关规定进行会计处理。

按照《企业会计准则第2号——长期股权投资》规定，对联营企业或合营企业的权益性投资全部或部分分类为持有待售资产的，应当停止权益法核算；对于未划分为持有待售类别的剩余权益性投资，应当在划分为持有待售的那部分权益性投资出售前继续采用权益法进行会计处理。原权益法核算的相关其他综合收益等应当在持有待售资产终止确认时，按照《企业会计准则第2号——长期股权投资》有关处置长期股权投资的规定进行会计处理。

三、关于持有待售类别的分类

【例11】G企业集团拟出售持有的部分长期股权投资。

情形一：G企业集团拥有子公司100%的股权，拟出售全部股权。

情形二：G企业集团拥有子公司100%的股权，拟出售55%的股权，出售后将丧失对子公司的控制权，但对其具有重大影响。

情形三：G企业集团拥有子公司100%的股权，拟出售25%的股权，出售后仍然拥有对子公司的控制权。

情形四：G企业集团拥有子公司55%的股权，拟出售6%的股权，出售后将丧失对子公司的控制权，但对其具有重大影响。

情形五：G企业集团拥有联营企业35%的股权，拟出售30%的股权，G持有剩余的5%股权，且对被投资方不具有重大影响。

情形六：G企业集团拥有合营企业50%的股权，拟出售35%的股权，G持有剩余的15%股权，且对被投资方不具有共同控制或重大影响。

分析：情形一，G企业集团应当在母公司个别财务报表中将拥有的子公司全部股权对应的长期股权投资划分为持有待售类别，在合并财务报表中将子公司所有资产和负债划分为持有待售类别。

情形二，G企业集团应当在母公司个别财务报表中将拥有的子公司全部股权对应的长期股权投资划分为持有待售类别，在合并财务报表中将子公司所有资产和负债划分为持有待售类别。

情形三，由于G企业集团仍然拥有对子公司的控制权，该长期股权投资并不是"主要通过出售而非持续使用收回其账面价值"的，因此不应当将拟处置的部分股权划分为持有待售类别。

情形四与情形二类似，G企业集团应当在母公司个别财务报表中将拥有的子公司55%的股权划分为持有待售类别，在合并财务报表中将子公司所有资产和负债划分为持有待售类别。

情形五，G企业集团应当将拟出售的30%股权划分为持有待售类别，不再按权益法核算，而按照本准则规定进行后续计量，剩余

5%的股权在前述30%的股权处置前,应当继续采用权益法进行会计处理,在前述30%的股权处置后,应当按照《企业会计准则第22号——金融工具确认和计量》有关规定进行会计处理。

情形六与情形五类似,G企业集团应当将拟出售的35%股权划分为持有待售类别,不再按权益法核算,而按照本准则规定进行后续计量,剩余15%的股权在前述35%的股权处置前,应当继续采用权益法进行会计处理,在前述35%的股权处置后,应当按照《企业会计准则第22号——金融工具确认和计量》有关规定进行会计处理。

3. 拟结束使用而非出售的非流动资产或处置组。

企业不应当将拟结束使用而非出售的非流动资产或处置组划分为持有待售类别。原因是企业对该非流动资产或处置组的使用实质上几乎贯穿了其整个经济使用寿命期,其账面价值并非主要通过出售收回,而是主要通过持续使用收回。例如,因已经使用至经济寿命期结束而将某机器设备报废,并收回少量残值。对于暂时停止使用的非流动资产,企业不应当认为其拟结束使用,也不应当将其划分为持有待售类别。

对于拟结束使用而非出售的处置组,在停止使用前不应当划分为持有待售类别,也不应当作为终止经营列报;在停止使用后,不应当划分为持有待售类别,如果该处置组满足终止经营中有关单独区分的组成部分的条件,应当作为终止经营列报。对于拟结束使用而非出售的非流动资产,无论在停止使用之前或之后,均不应当划分为持有待售类别,也不应当作为终止经营列报。

【例12】某H纺织企业拥有一条生产某类布料的生产线,由于市场需求变化,该类布料的销量锐减,H企业决定暂停该生产线的生产,但仍然对其进行定期维护,待市场转好时重启生产。

分析:由于生产线属于暂停使用,H企业不应当将其划分为持有待售类别。

四、关于持有待售类别的计量

（一）初始计量

企业将非流动资产或处置组首次划分为持有待售类别前，应当按照相关会计准则规定计量非流动资产或处置组中各项资产和负债的账面价值。例如，按照《企业会计准则第4号——固定资产》的规定，对固定资产计提折旧；按照《企业会计准则第6号——无形资产》的规定，对无形资产进行摊销。按照《企业会计准则第8号——资产减值》的规定，企业应当判断资产是否存在可能发生减值的迹象，如果资产已经或者将被闲置、终止使用或者计划提前处置，表明资产可能发生了减值。对于拟出售的非流动资产或处置组，企业应当在划分为持有待售类别前考虑进行减值测试。

【例13】A企业拥有一座仓库，原价为120万元，年折旧额为12万元，截至2×16年12月31日已计提折旧60万元。2×17年1月31日，A企业与B企业签署不动产转让协议，拟在6个月内将该仓库转让，假定该不动产满足划分为持有待售类别的其他条件，且不动产价值未发生减值。

分析：2×17年1月31日，A企业应当将仓库资产划分为持有待售类别，并按照《企业会计准则第4号——固定资产》对该固定资产计提1月份折旧1万元。2×17年1月31日，该仓库在划分为持有待售类别前的账面价值为59万元，此后不再计提折旧。

企业初始计量持有待售的非流动资产或处置组时，如果其账面价值低于其公允价值减去出售费用后的净额，企业不需要对账面价值进行调整；如果账面价值高于其公允价值减去出售费用后的净额，企业应当将账面价值减记至公允价值减去出售费用后的净额，减记的金额确认为资产减值损失,计入当期损益,同时计提持有待售资产减值准备,但不应当重复确认不适用本准则计量规定的资产和负债按照相关准则规定已经确认的损失。

企业应当按照《企业会计准则第39号——公允价值计量》的有关规定确定非流动资产或处置组的公允价值。具体来说,如果企业已经获得确定的购买承诺,应当参考交易价格确定持有待售的非流动资产或处置组的公允价值,交易价格应当考虑可变对价、非现金对价、应付客户对价等因素的影响。如果企业尚未获得确定的购买承诺,例如对于专为转售而取得的非流动资产或处置组,企业应当对其公允价值作出估计,优先使用市场报价等可观察输入值。

出售费用是企业发生的可以直接归属于出售资产或处置组的增量费用,出售费用直接由出售引起,并且是企业进行出售所必需的,如果企业不出售资产或处置组,该费用将不会产生。出售费用包括为出售发生的特定法律服务、评估咨询等中介费用,也包括相关的消费税、城市维护建设税、土地增值税和印花税等,但不包括财务费用和所得税费用。有些情况下,公允价值减去出售费用后的净额可能为负值,持有待售的非流动资产或处置组中资产的账面价值应当以减记至零为限。是否需要确认相关预计负债,应当按照《企业会计准则第13号——或有事项》的规定进行会计处理。

【例14】P企业拟将下属子公司Q公司出售给R企业,双方已签订了转让协议,预计将在5个月内完成转让,Q子公司满足划分为持有待售类别的条件。Q与T银行之间存在未决诉讼,Q可能败诉。由于不符合预计负债的确认条件,P企业仅在报表附注中披露了或有负债。转让协议约定,Q的转让价格将根据最终判决结果作出调整。

分析:在合并报表中确定Q子公司的公允价值减去出售费用后的净额时,需要考虑尚未确认的或有负债的公允价值,Q的账面价值未确认该项或有负债,因此 Q 子公司的公允价值减去出售费用后的净额低于其账面价值,应当确认持有待售资产减值损失,计入当期损益。

对于取得日划分为持有待售类别的非流动资产或处置组,企业应当在初始计量时比较假定其不划分为持有待售类别情况下的初始计量金额和公允价值减去出售费用后的净额,以两者孰低计量。按照上述原则,在合并报表中,非同一控制下的企业合并中新取得的非流动资产或处置组划分为持有待售类别的,应当按照公允价值减去出售费用后的净额计量;同一控制下的企业合并中非流动资产或处置组划分为持有待售类别的,应当按照合并日在被合并方的账面价值与公允价值减去出售费用后的净额孰低计量。除企业合并中取得的非流动资产或处置组外,由以公允价值减去出售费用后的净额作为非流动资产或处置组初始计量金额而产生的差额,应当计入当期损益。

【例15】 2×17 年 3 月 1 日,L 公司购入非关联的 M 公司的全部股权,支付价款 1 600 万元。购入该股权之前,L 公司的管理层已经作出决议,一旦购入 M 公司,将在一年内将其出售给 N 公司,M 公司当前状况下即可立即出售。预计 L 公司还将为出售该子公司支付 12 万元的出售费用。L 公司与 N 公司计划于 2×17 年 3 月 31 日签署股权转让合同。情形一:L 公司与 N 公司初步议定股权转让价格为 1 620 万元。情形二:L 公司尚未与 N 公司议定转让价格,3 月 1 日股权公允价值与支付价款 1 600 万元一致。

情形一:M 公司是专为转售而取得的子公司,其不划分为持有待售类别情况下的初始计量金额应当为 1 600 万元,当日公允价值减去出售费用后的净额为 1 608 万元,按照两者孰低计量。L 公司 2×17 年 3 月 1 日的账务处理如下:

借:持有待售资产——长期股权投资　　　16 000 000

贷：银行存款　　　　　　　　　　　　16 000 000

　　情形二：M公司是专为转售而取得的子公司，其不划分为持有待售类别情况下的初始计量金额为1 600万元，当日公允价值减去出售费用后的净额为1 588万元，按照两者孰低计量。L公司2×17年3月1日的账务处理如下：

　　借：持有待售资产——长期股权投资　　15 880 000
　　　　资产减值损失　　　　　　　　　　　　120 000
　　　　贷：银行存款　　　　　　　　　　16 000 000

　　持有待分配给所有者的非流动资产或处置组发生的分配费用，是可以直接归属于分配资产或处置组的增量费用，但不包括财务费用和所得税费用。除此之外，持有待分配给所有者类别的计量要求与持有待售类别相类似。

（二）后续计量

　　1. 持有待售的非流动资产的后续计量。

　　企业在资产负债表日重新计量持有待售的非流动资产时，如果其账面价值高于公允价值减去出售费用后的净额，应当将账面价值减记至公允价值减去出售费用后的净额，减记的金额确认为资产减值损失，计入当期损益，同时计提持有待售资产减值准备。

　　如果后续资产负债表日持有待售的非流动资产公允价值减去出售费用后的净额增加，以前减记的金额应当予以恢复，并在划分为持有待售类别后非流动资产确认的资产减值损失金额内转回，转回金额计入当期损益，划分为持有待售类别前确认的资产减值损失不得转回。

　　持有待售的非流动资产不应计提折旧或摊销。

　　【例16】承【例15】，2×17年3月31日，L公司与N公司签订合同，转让所持有M公司的全部股权，转让价格为1 607万元，L

公司预计还将支付8万元的出售费用。

情形一：2×17年3月31日，L公司持有的M公司的股权公允价值减去出售费用后的净额为1 599万元，账面价值为1 600万元，以两者孰低计量，L公司2×17年3月31日的账务处理如下：

借：资产减值损失　　　　　　　　　　　　　10 000
　　贷：持有待售资产减值准备——长期股权投资　10 000

情形二：2×17年3月31日，L公司持有的M公司的股权公允价值减去出售费用后的净额为1 599万元，账面价值为1 588万元，以两者孰低计量，L公司不需要进行账务处理。

2. 持有待售的处置组的后续计量。

企业在资产负债表日重新计量持有待售的处置组时，应当首先按照相关会计准则规定计量处置组中不适用本准则计量规定的资产和负债的账面价值，这些资产和负债可能包括采用公允价值模式进行后续计量的投资性房地产、采用公允价值减去出售费用后的净额计量的生物资产、金融工具等不适用本准则计量规定的非流动资产，也可能包括流动资产、流动负债和非流动负债。例如，处置组中的金融工具，应当按照《企业会计准则第22号——金融工具确认和计量》的规定计量。

在进行上述计量后，企业应当比较持有待售的处置组整体账面价值与公允价值减去出售费用后的净额，如果账面价值高于其公允价值减去出售费用后的净额，应当将账面价值减记至公允价值减去出售费用后的净额，减记的金额确认为资产减值损失，计入当期损益，同时计提持有待售资产减值准备，但不应当重复确认不适用本准则计量规定的资产和负债按照相关准则规定已经确认的损失。

对于持有待售的处置组确认的资产减值损失金额，如果该处置组包含商誉，应当先抵减商誉的账面价值，再根据处置组中适用本准则计量规定的各项非流动资产账面价值所占比重，按比例抵减其账面价值。确认的资产减值损失金额应当以适用本准则计量规定的各项资产的账面价值为限，不应分摊至处置组中不适用本准则计量规定的其他资产。

如果后续资产负债表日持有待售的处置组公允价值减去出售费用后的净额增加，以前减记的金额应当予以恢复，并在划分为持有待售类别后适用本准则计量规定的非流动资产确认的资产减值损失金额内转回，转回金额计入当期损益，且不应当重复确认不适用本准则计量规定的资产和负债按照相关准则规定已经确认的利得。已抵减的商誉账面价值，以及适用本准则计量规定的非流动资产在划分为持有待售类别前确认的资产减值损失不得转回。对于持有待售的处置组确认的资产减值损失后续转回金额，应当根据处置组中除商誉外适用本准则计量规定的各项非流动资产账面价值所占比重，按比例增加其账面价值。

【例17】A 企业拥有一个销售门店，2×17 年 6 月 15 日，该门店的部分科目余额表如表1所示。

表1　　　　2×17 年 6 月 15 日门店调整前的部分科目余额表　　　单位：元

科目名称	借方余额	贷方余额
库存现金	310 000	
应收账款	270 000	
坏账准备		10 000
库存商品	300 000	
存货跌价准备		100 000
其他债权投资	380 000	
固定资产	1 100 000	
累计折旧		30 000
固定资产减值准备		15 000
无形资产	950 000	
累计摊销		14 000

四、关于持有待售类别的计量

续表

科目名称	借方余额	贷方余额
无形资产减值准备		5 000
商誉	200 000	
应付账款		310 000
其他应付款		560 000
预计负债		250 000

当日,A 企业与 B 企业签订转让协议,将该门店资产和相关负债整体转让,但保留员工,假设该处置组不构成一项业务,转让初定价格为 1 900 000 元。转让协议同时约定,对于门店 2×17 年 6 月 10 日购买的一项分类为以公允价值计量且其变动计入其他综合收益的其他债权投资(其购入成本即为 380 000 元),转让价格以转让完成当日市场报价为准。假设该门店满足划分为持有待售类别的条件,但不符合终止经营的定义。

截至 2×17 年 6 月 15 日,固定资产还应当计提折旧 5 000 元,无形资产还应当计提摊销 1 000 元,固定资产和无形资产均用于管理用途。2×17 年 6 月 15 日,其他债权投资公允价值降至 360 000 元,固定资产可收回金额降至 1 020 000 元,其他资产、负债价值没有发生变化。2×17 年 6 月 15 日,该门店的公允价值为 1 900 000 元,A 企业预计为转让门店还需支付律师和注册会计师专业咨询费共计 70 000 元。假设 A 企业不存在其他持有待售的非流动资产或处置组,不考虑税收影响。

2×17 年 6 月 30 日,该门店尚未完成转让,A 企业作为其他债权投资核算的债券投资市场报价上升至 370 000 元,假设其他资产、负债价值没有变化。B 企业在对门店进行检查时发现一些资产轻微破损,A 企业同意修理,预计修理费用为 5 000 元,A 企业还将律师和注册会计师咨询费预计金额调整至 40 000 元。当日,门店处置组整体的公允价值为 1 910 000 元。

分析：（1）2×17 年 6 月 15 日，A 企业首次将该处置组划分为持有待售类别前，应当按照适用的会计准则计量各项资产和负债的账面价值。其账务处理如下：

借：管理费用	6 000
贷：累计折旧	5 000
累计摊销	1 000
借：其他综合收益	20 000
贷：其他债权投资	20 000
借：资产减值损失	30 000
贷：固定资产减值准备	30 000

经上述调整后，2×17 年 6 月 15 日该门店各资产和负债的账面价值见表2。

表2　　2×17 年 6 月 15 日门店资产和负债调整后账面价值　　单位：元

报表项目	账面价值
持有待售资产：	
库存现金	310 000
应收账款	260 000
库存商品	200 000
其他债权投资	360 000
固定资产	1 020 000
无形资产	930 000
商誉	200 000
持有待售资产小计	3 280 000
持有待售负债：	
应付账款	(310 000)
其他应付款	(560 000)

四、关于持有待售类别的计量

续表

报表项目	账面价值
预计负债	(250 000)
持有待售负债小计	(1 120 000)
合计	2 160 000

(2) 2×17 年 6 月 15 日，A 企业将该门店处置组划分为持有待售类别时，其账务处理如下：

借：持有待售资产——库存现金 310 000
　　　　　　　——应收账款 270 000
　　　　　　　——库存商品 300 000
　　　　　　　——其他债权投资 360 000
　　　　　　　——固定资产 1 020 000
　　　　　　　——无形资产 930 000
　　　　　　　——商誉 200 000
　　坏账准备 10 000
　　存货跌价准备 100 000
　　固定资产减值准备 45 000
　　累计折旧 35 000
　　累计摊销 15 000
　　无形资产减值准备 5 000
　贷：持有待售资产减值准备——坏账准备 10 000
　　　　　　　　　　　　——存货跌价准备 100 000
　　库存现金 310 000
　　应收账款 270 000
　　库存商品 300 000
　　其他债权投资 360 000
　　固定资产 1 100 000

无形资产		950 000
商誉		200 000
借：应付账款		310 000
其他应付款		560 000
预计负债		250 000
贷：持有待售负债——应付账款		310 000
——其他应付款		560 000
——预计负债		250 000

（3）2×17年6月15日，由于该处置组的账面价值2 160 000元高于公允价值减去出售费用后的净额1 830 000元（1 900 000－70 000），A企业应当以1 830 000元计量处置组，并计提持有待售资产减值准备330 000元（2 160 000－1 830 000），计入当期损益。

持有待售资产的减值损失应当分配至适用本准则计量规定的非流动资产的账面价值。具体来说，应当先抵减处置组中商誉的账面价值200 000元，剩余金额130 000元再根据固定资产、无形资产账面价值所占比重，按比例抵减其账面价值。2×17年6月15日，各项资产和负债分摊持有待售资产减值损失及抵减减值损失后的账面价值见表3：

表3　　2×17年6月15日门店资产和负债抵减减值损失后的账面价值　　单位：元

报表项目	2×17年6月15日抵减减值损失前账面价值	减值损失分摊	2×17年6月15日抵减减值损失后账面价值
持有待售资产：			
库存现金	310 000	—	310 000
应收账款	260 000	—	260 000
库存商品	200 000	—	200 000
其他债权投资	360 000	—	360 000
固定资产	1 020 000	－68 000*	952 000

续表

报表项目	2×17年6月15日抵减减值损失前账面价值	减值损失分摊	2×17年6月15日抵减减值损失后账面价值
无形资产	930 000	-62 000**	868 000
商誉	200 000	-200 000	0
持有待售资产小计	3 280 000		2 950 000
持有待售负债：			
应付账款	(310 000)	—	(310 000)
其他应付款	(560 000)	—	(560 000)
预计负债	(250 000)	—	(250 000)
持有待售负债小计	(1 120 000)		(1 120 000)
合计	2 160 000	-330 000	1 830 000

注：* 130 000÷(1 020 000+930 000)×1 020 000
** 130 000÷(1 020 000+930 000)×930 000

A企业的账务处理如下：

借：资产减值损失　　　　　　　　　　　330 000
　　贷：持有待售资产减值准备——固定资产　68 000
　　　　　　　　　　　　　　　——无形资产　62 000
　　　　　　　　　　　　　　　——商誉　　200 000

(4) 2×17年6月30日，A企业按照适用的会计准则计量其他债权投资，账务处理如下：

借：持有待售资产——其他债权投资　　　10 000
　　贷：其他综合收益　　　　　　　　　10 000

当日，该处置组的账面价值为1 840 000元（包含其他债权投资已经确认的利得10 000元），预计出售费用为45 000元（5 000+40 000），公允价值减去出售费用后的净额为1 865 000元（1 910 000-45 000），高于账面价值。

处置组的公允价值减去出售费用后的净额后续增加的，应当在原已确认的持有待售资产减值损失范围内转回，但已抵减的商誉账面价值 200 000 元和划分为持有待售类别前适用本准则计量规定的非流动资产已计提的资产减值准备不得转回，因此，转回金额应当以 130 000 元（68 000 + 62 000）为限。根据上述分析，A 企业可转回已经确认的持有待售资产减值损失 25 000 元（1 865 000 - 1 840 000），根据固定资产、无形资产账面价值所占比重，按比例转回其账面价值。资产减值损失转回金额的分摊见表 4。

表 4　　2×17 年 6 月 30 日门店资产和负债减值损失转回后的账面价值　　单位：元

报表项目	2×17 年 6 月 15 日抵减减值后账面价值	2×17 年 6 月 30 日按照其他适用准则重新计量	2×17 年 6 月 30 日重新计量后的账面价值	减值损失转回的分摊	2×17 年 6 月 30 日减值损失转回后账面价值
持有待售资产：					
货币资金	310 000		310 000		310 000
应收账款	260 000		260 000		260 000
存货	200 000		200 000		200 000
其他债权投资	360 000	10 000	370 000		370 000
固定资产	952 000		952 000	13 077 *	965 077
无形资产	868 000		868 000	11 923 **	879 923
商誉	0		0		0
持有待售资产小计	2 950 000				2 985 000
持有待售负债：					
应付账款	(310 000)		(310 000)		(310 000)
其他应付款	(560 000)		(560 000)		(560 000)
预计负债	(250 000)		(250 000)		(250 000)
持有待售负债小计	(1 120 000)				(1 120 000)
合计	1 830 000	10 000	1 840 000	25 000	1 865 000

注：* 25 000 ÷ (952 000 + 868 000) × 952 000
　　** 25 000 ÷ (952 000 + 868 000) × 868 000

借：持有待售资产减值准备——固定资产　　　　13 077
　　　　　　　　　　　　　　　——无形资产　　　　11 923

贷：资产减值损失　　　　　　　　　　　　25 000

A企业在2×17年6月30日的资产负债表中应当分别以"持有待售资产"和"持有待售负债"列示2 985 000元和1 120 000元。由于处置组不符合终止经营定义，持有待售资产确认的资产减值损失应当在利润表中以持续经营损益列示。企业同时应当在附注中进一步披露该持有待售处置组的相关信息。

持有待售的处置组中的非流动资产不应计提折旧或摊销，持有待售的处置组中的负债和不适用本准则计量规定的金融资产、以公允价值计量的投资性房地产等的利息或租金收入、支出以及其他费用应当继续予以确认。

【例18】F企业拟将拥有的核电站转让给H企业，双方已签订了转让协议。由于核电站主体设备核反应堆将对当地生态环境产生一定影响，在核电站最初建造完成并交付使用时，F企业考虑到设备使用期满后将其拆除并整治污染的弃置费用，确认了38.55万元的预计负债，并按照每年10%的实际利率对该弃置费用逐期确认利息费用。

分析：F企业将核电站划分为持有待售类别后，该预计负债应当作为持有待售负债，且该资产弃置义务产生的利息费用应当继续确认。

（三）不再继续划分为持有待售类别的计量

非流动资产或处置组因不再满足持有待售类别划分条件而不再继续划分为持有待售类别或非流动资产从持有待售的处置组中移除时，应当按照以下两者孰低计量：（1）划分为持有待售类别前的账面价值，按照假定不划分为持有待售类别情况下本应确认的折旧、摊销或减值等进行调整后的金额。（2）可收回金额。由此产生的差额计入当期损益，可以通过"资产减值损失"科目进行会计处理。

这样处理的结果是，原来划分为持有待售的非流动资产或处置组重新分类后的账面价值，与其从未划分为持有待售类别情况下的账面价值相一致。

企业将非流动资产或处置组由持有待售类别重分类为持有待分配给所有者类别，或者由持有待分配给所有者类别重分类为持有待售类别，原处置计划没有发生本质改变，不应当按照上述不再继续划分为持有待售类别的计量要求处理，而应当按照重分类后所属类别的计量要求处理。分类为持有待售类别或持有待分配给所有者类别的日期不因重分类而发生改变，在适用延长一年期的例外条款时，应当以该最初分类日期为准。

（四）终止确认

企业终止确认持有待售的非流动资产或处置组，应当将尚未确认的利得或损失计入当期损益。

按照《企业会计准则第 19 号——外币折算》的规定，企业在处置持有待售的境外经营时，应当将与该境外经营相关的外币财务报表折算差额，自其他综合收益转入处置当期损益，部分处置境外经营的，应当按处置的比例计算处置部分的外币财务报表折算差额，转入处置当期损益。

【例19】承【例16】，2×17 年 6 月 25 日，L 公司为转让 N 公司的股权支付律师费 5 万元。6 月 29 日，L 公司完成对 N 公司的股权转让，收到价款 1 607 万元。

情形一：L 公司 2×17 年 6 月 25 日支付出售费用的账务处理如下：

借：投资收益　　　　　　　　　　　　　　　50 000
　　贷：银行存款　　　　　　　　　　　　　　　50 000

L 公司 2×17 年 6 月 29 日的账务处理如下：

借：持有待售资产减值准备——长期股权投资　10 000
　　　　银行存款　　　　　　　　　　　　　　　16 070 000
　　　贷：持有待售资产——长期股权投资　　　　16 000 000
　　　　　投资收益　　　　　　　　　　　　　　　80 000

情形二：L公司2×17年6月25日支付出售费用的账务处理如下：

　　借：投资收益　　　　　　　　　　　　　　　　50 000
　　　贷：银行存款　　　　　　　　　　　　　　　50 000

L公司2×17年6月29日的账务处理如下：

　　借：银行存款　　　　　　　　　　　　　　　　16 070 000
　　　贷：持有待售资产——长期股权投资　　　　15 880 000
　　　　　投资收益　　　　　　　　　　　　　　　190 000

【例20】承〖例17〗，2×17年9月1日，A企业收到B企业以银行存款支付的部分价款1 000 000元。2×17年9月19日，该门店完成转让，A企业以银行存款分别支付维修费用5 000元和律师、注册会计师专业咨询费37 000元。当日A企业作为其他债权投资核算的债券投资市场报价为374 000元，B企业以银行存款支付剩余转让价款914 000元。

　　分析：9月1日，A企业账务处理如下：

　　借：银行存款　　　　　　　　　　　　　　　　1 000 000
　　　贷：预收账款　　　　　　　　　　　　　　　1 000 000

9月19日，A企业账务处理如下：

　　借：资产处置损益　　　　　　　　　　　　　　5 000
　　　贷：银行存款　　　　　　　　　　　　　　　5 000
　　借：资产处置损益　　　　　　　　　　　　　　37 000
　　　贷：银行存款　　　　　　　　　　　　　　　37 000
　　借：银行存款　　　　　　　　　　　　　　　　914 000

预收账款		1 000 000
持有待售资产减值准备——坏账准备		10 000
——存货跌价准备		100 000
——固定资产		54 923
——无形资产		50 077
——商誉		200 000
持有待售负债——应付账款		310 000
——其他应付款		560 000
——预计负债		250 000
贷：持有待售资产——现金		310 000
——应收账款		270 000
——库存商品		300 000
——其他债权投资		370 000
——固定资产		1 020 000
——无形资产		930 000
——商誉		200 000
资产处置损益		49 000
借：资产处置损益		10 000
贷：其他综合收益		10 000

同时或资产负债表日，账务处理如下：

借：本年利润　　　　　　　　　　　　　　　　3 000
　　贷：资产处置损益　　　　　　　　　　　　　　　3 000

五、关于持有待售类别和终止经营的列报

(一) 资产负债表列示

1. 持有待售的非流动资产或处置组的列示。

持有待售资产和负债不应当相互抵销。"持有待售资产"和"持有待售负债"应当分别作为流动资产和流动负债列示。具体来说,企业应当在资产负债表资产项下"一年内到期的非流动资产"项目之上增设"持有待售资产"项目,反映资产负债表日划分为持有待售类别的非流动资产及划分为持有待售类别的处置组中的流动资产和非流动资产的期末账面价值。"持有待售资产"项目应当根据"持有待售资产"科目的期末余额,减去"持有待售资产减值准备"科目的期末余额后的金额填列。企业应当在资产负债表负债项下"一年内到期的非流动负债"项目之上增设"持有待售负债"项目,反映资产负债表日处置组中与划分为持有待售类别的资产直接相关的负债的期末账面价值。"持有待售负债"项目应当根据"持有待售负债"科目的期末余额填列。

资产负债表的部分格式见表5。

表5　　　　　　　　　资产负债表

会企01表

编制单位:　　　　　　　年　月　日　　　　　　　单位:元

资产	期末余额	年初余额	负债和所有者权益 (或股东权益)	期末余额	年初余额
流动资产:			流动负债:		
……			……		
持有待售资产			持有待售负债		

续表

资产	期末余额	年初余额	负债和所有者权益（或股东权益）	期末余额	年初余额
一年内到期的非流动资产			一年内到期的非流动负债		
……			……		

对于当期首次满足持有待售类别划分条件的非流动资产或划分为持有待售类别的处置组中的资产和负债，不应当调整可比会计期间资产负债表，即不对其符合持有待售类别划分条件前各个会计期间的资产负债表进行项目的分类调整或重新列报。因此，在可比会计期间资产负债表中列报的持有待售资产和持有待售负债都是在可比会计期末即符合持有待售类别划分条件的非流动资产或处置组。

2. 终止经营的列示。

如果终止经营划分为持有待售类别，应当按照上述持有待售类别的列报要求处理。如果终止经营没有划分为持有待售类别，而是被处置，无论当期或是可比会计期间的资产负债表中都不应当列报与之相关的持有待售资产或负债。

（二）利润表列示

企业应当在利润表中"营业利润"项目之上单设"资产处置收益"项目，反映企业出售划分为持有待售的非流动资产（金融工具、长期股权投资和投资性房地产除外）或处置组（子公司和业务除外）时确认的处置利得或损失。"资产处置收益"项目应根据"资产处置损益"科目的发生额分析填列；如为处置损失，以"－"号填列。

企业应当分别列示持续经营损益和终止经营损益，在利润表"净利润"项下增设"持续经营净利润"和"终止经营净利润"项目，以税后净额分别反映持续经营相关损益和终止经营相关损益。合并利润表的部分格式见表6。

表6　　　　　　　　　　　合并利润表

会企02表

编制单位：　　　　　　　　年度　　　　　　　　单位：元

项目	本期金额	上期金额
一、营业收入		
……		
资产处置收益（损失以"－"号填列）		
二、营业利润（亏损以"－"号填列）		
……		
四、净利润（净亏损以"－"号填列）		
（一）按经营持续性分类：		
1. 持续经营净利润（净亏损以"－"号填列）		
2. 终止经营净利润（净亏损以"－"号填列）		
……		

1. 持有待售的非流动资产或处置组的列示。

不符合终止经营定义的持有待售的非流动资产或处置组所产生的下列相关损益，应当在利润表中作为持续经营损益列报：（1）企业初始计量或在资产负债表日重新计量持有待售的非流动资产或处置组时，因账面价值高于其公允价值减去出售费用后的净额而确认的资产减值损失。（2）后续资产负债表日持有待售的非流动资产或处置组公允价值减去出售费用后的净额增加，因恢复以前减记的金额而转回的资产减值损失。（3）持有待售的非流动资产或处置组的处置损益。

2. 终止经营的列示。

终止经营的相关损益应当作为终止经营损益列报，列报的终止经营损益应当包含整个报告期间,而不仅包含认定为终止经营后的报告期间。相关损益具体包括:(1)终止经营的经营活动损益,如销售商品、提供服务的收入、相关成本和费用等。(2)企业初始计量或在资产负债表日重新计量符合终止经营定义的持有待售的处置组时,因账面价值高于其公允价值减去出售费用后的净额而确认的资产减值损失。(3)后续资产负债表日符合终止经营定义的持有待售处置组的公允价值减去出售费用后的净额增加,因恢复以前减记的金额而转回的资产减值损失。(4)终止经营的处置损益。(5)终止经营处置损益的调整金额,可能引起调整的情形包括:最终确定处置条款,如与买方商定交易价格调整额和补偿金;消除与处置相关的不确定因素,如确定卖方保留的环保义务或产品质量保证义务;履行与处置相关的职工薪酬支付义务等。

企业在处置终止经营的过程中可能附带产生一些增量费用,如果不进行该项处置就不会产生这些费用,企业应当将这些增量费用作为终止经营损益列报。

【例21】A企业集团拥有子公司B公司,并为其专门租入一栋写字楼作为办公场所,现A决定将B子公司转让给F企业,转让完成后,B将整体搬迁至F的写字楼。由于B目前办公所在地的租期未满,A必须承担将办公楼低于原租金转租或者提前终止租赁合同的损失。假设B子公司符合持有待售类别的划分条件和终止经营的定义。

分析:尽管如果不出售B子公司,与租赁办公楼相关的损失就不会发生,但对于出售B子公司本身而言,该损失并不是必不可少的,不是与出售B子公司直接相关的增量成本。因此,在对B子公司以账面价值与公允价值减去出售费用后的净额孰低计量时,不应当将办公楼低于原租金转租或者提前终止租赁合同的损失作为出售费用处理,但应当在利润表中将其列示在"终止经营净利润"中,并在附注中作为终止经营费用的一部分披露。

拟结束使用而非出售的处置组满足终止经营定义中有关组成部分的条件的,应当自停止使用日起作为终止经营列报。列报的终止经营损益应当包含整个报告期间,而不仅包含认定为终止经营后的报告期间。如果因出售对子公司的投资等原因导致企业丧失对子公司的控制权,且该子公司符合终止经营定义的,应当在合并利润表中列报相关终止经营损益。

从财务报表可比性出发,对于当期列报的终止经营,企业应当在当期财务报表中,将原来作为持续经营损益列报的信息重新作为可比会计期间的终止经营损益列报。这意味着对于可比会计期间的利润表,作为终止经营列报的不仅包括在可比会计期间即符合终止经营定义的处置组,还包括在当期首次符合终止经营定义的处置组。由于后者的存在,处置组在可比会计期间销售商品、提供服务的收入和相关成本、费用,以及相关资产按照《企业会计准则第8号——资产减值》的规定确认的资产减值损失等也应当作为终止经营损益列报。

(三)附注披露

1. 持有待售的非流动资产或处置组的披露。

企业应当在附注中披露有关持有待售的非流动资产或处置组的下列信息:(1)持有待售的非流动资产或处置组的出售费用和主要类别,以及每个类别的账面价值和公允价值;(2)持有待售的非流动资产或处置组的出售原因、方式和时间安排;(3)列报持有待售的非流动资产或处置组的分部;(4)持有待售的非流动资产或持有待售的处置组中资产确认的减值损失及其转回金额;(5)与持有待售的非流动资产或处置组有关的其他综合收益累计金额,例如,与境外经营相关的外币财务报表折算差额等。

如果处置组中包含不适用本准则计量规定的资产或负债,且有关这些资产或负债的披露已经包括在附注的其他部分,企业不需要在有关持有待售的非流动资产或处置组的附注部分重复披露,除非企业认为这样披露有助于报表使用者评估相关信息。

非流动资产或处置组在资产负债表日至财务报告批准报出日之间满足持有待售类别划分条件的,应当作为资产负债表日后非调整事项进行会计处理,并在附注中披露下列信息:(1)资产负债表日后划分为持有待售类别的非流动资产或处置组的出售费用和主要类别,以及每个类别的账面价值和公允价值;(2)持有待售的非流动资产或处置组的出售原因、方式和时间安排;(3)列报持有待售的非流动资产或处置组的分部。

2. 终止经营的披露。

企业应当在附注中披露有关终止经营的下列信息:(1)终止经营的收入、费用、利润总额、所得税费用(收益)和净利润,即利润表中"终止经营净利润"项目信息的进一步分解;(2)终止经营的资产或处置组确认的减值损失及其转回金额;(3)终止经营的处置损益总额、所得税费用(收益)和处置净损益;(4)终止经营的经营活动、投资活动和筹资活动现金流量净额;(5)归属于母公司所有者的持续经营损益和终止经营损益;(6)终止经营处置损益调整的性质和金额。

如果企业因出售对子公司的投资等原因导致其丧失对子公司的控制权,且该子公司符合终止经营定义,应当在附注中披露上述信息。

对于当期首次列报的终止经营,企业应当在附注中披露可比会计期间与该终止经营有关的下列信息:(1)终止经营的收入、费用、利润总额、所得税费用(收益)和净利润;(2)终止经营的资产或处置组确认的减值损失及其转回金额;(3)终止经营的经营活动、投资活动和筹资活动现金流量净额；（4）归属于母公司所有者的持续经营损益和终止经营损益。

（四）特殊事项的列报

1. 企业专为转售而取得的持有待售子公司的列报。

本准则规定，如果企业专为转售而取得的子公司符合持有待售类别的划分条件，应当按照持有待售的处置组和终止经营的有关规定进行列报，相对于不符合持有待售类别划分条件的子公司，其资产负债表列示和附注披露都得到适当简化。但是，除非企业是投资性主体并将该子公司按照公允价值计量且其变动计入当期损益，否则仍然应当按照《企业会计准则第33号——合并财务报表》的规定，将该子公司纳入合并范围。

在合并资产负债表中，企业专为转售而取得的持有待售子公司的全部资产和负债应当分别作为持有待售资产和持有待售负债项目列示。

在合并利润表中，符合终止经营定义的专为转售而取得的持有待售子公司的净利润与其他终止经营净利润应当合并列示在"终止经营净利润"项目中。

在附注中，企业应当披露下列信息：（1）企业专为转售而取得的持有待售子公司的出售原因、方式和时间安排；（2）列报该子公司的分部；（3）该子公司确认的减值损失及其转回金额；（4）与该子公司有关的其他综合收益累计金额；（5）归属于母公司所有者的持续经营损益和终止经营损益。

【例22】2×17年11月9日，A企业收购了一家H控股企业，H企业持有S1和S2两个子公司，其中子公司S2公司是专为转售而取得的，且满足持有待售类别划分条件。收购日S2子公司的公允价值减去出售费用后的净额为135万元，可辨认负债公允价值为40万元。2×17年12月31日，S2子公司的公允价值减去出售费用后的净额为130万元，负债按照相关会计准则重新计量后的账面价值为35万元。假设除S2子公司外，A企业没有其他持有待售的非流动资产或处置组。

分析：A企业收购H企业时，S2子公司满足持有待售类别的划分条件，且符合终止经营的定义，取得日S2资产的入账价值为175万元（135+40）。2×17年12月31日，S2资产的账面价值为165万元（130+35）。在合并资产负债表中，A企业应当单列项目"持有待售资产"和"持有待售负债"，金额分别为165万元和35万元。在合并利润表中，A企业应当在"终止经营净利润"中列示与该子公司有关的税后净利润，其中包括因重新计量确认的资产减值损失金额5万元（135-130）。

2. 不再继续划分为持有待售类别的列报。

对于非流动资产或处置组，如果其不再继续划分为持有待售类别或非流动资产从持有待售的处置组中移除，在资产负债表中，企业应当将原来分类为持有待售类别的非流动资产或处置组重新作为固定资产、无形资产等列报，并调整其账面价值。在当期利润表中，企业应当将账面价值调整金额作为持续经营损益列报。在附注中，企业应当披露下列信息：（1）企业改变非流动资产或处置组出售计划的原因；（2）可比会计期间财务报表中受影响的项目名称和影响金额。

对于企业的子公司、共同经营、合营企业、联营企业以及部分对合营企业或联营企业的投资，按照《企业会计准则第2号——长期股权投资》的规定，持有待售的对联营企业或合营企业的权益性投资不再符合持有待售类别划分条件的，应当自划分为持有待售类别日起采用权益法进行追溯调整。持有待售的对子公司、共同经营的权益性投资不再符合持有待售类别划分条件的，同样应当自划分为持有待售类别日起追溯调整。上述情况下，划分为持有待售类别期间的财务报表应当作相应调整。

终止经营不再满足持有待售类别划分条件的，企业应当在当期财务报表中，将原来作为终止经营损益列报的信息重新作为可比会计期间的持续经营损益列报，并在附注中说明这一事实。

六、衔接规定

本准则规定,对于本准则施行日存在的持有待售的非流动资产、处置组和终止经营,应当采用未来适用法处理。本准则施行日之后符合终止经营定义的,应当按照本准则规定,对可比会计期间的比较数据进行调整,在财务报表中列示和披露该终止经营当期和可比会计期间的有关信息。

附录一

企业会计准则第42号——持有待售的非流动资产、处置组和终止经营

(2017年4月28日 财会〔2017〕13号)

第一章 总 则

第一条 为了规范企业持有待售的非流动资产或处置组的分类、计量和列报,以及终止经营的列报,根据《企业会计准则——基本准则》,制定本准则。

第二条 本准则的分类和列报规定适用于所有非流动资产和处置组。

处置组,是指在一项交易中作为整体通过出售或其他方式一并处置的一组资产,以及在该交易中转让的与这些资产直接相关的负债。处置组所属的资产组或资产组组合按照《企业会计准则第8号——资产减值》分摊了企业合并中取得的商誉的,该处置组应当包含分摊至处置组的商誉。

第三条 本准则的计量规定适用于所有非流动资产,但下列各项的计量适用其他相关会计准则:

(一)采用公允价值模式进行后续计量的投资性房地产,适用

《企业会计准则第 3 号——投资性房地产》；

（二）采用公允价值减去出售费用后的净额计量的生物资产，适用《企业会计准则第 5 号——生物资产》；

（三）职工薪酬形成的资产，适用《企业会计准则第 9 号——职工薪酬》；

（四）递延所得税资产，适用《企业会计准则第 18 号——所得税》；

（五）由金融工具相关会计准则规范的金融资产，适用金融工具相关会计准则；

（六）由保险合同相关会计准则规范的保险合同所产生的权利，适用保险合同相关会计准则。

处置组包含适用本准则计量规定的非流动资产的，本准则的计量规定适用于整个处置组。处置组中负债的计量适用相关会计准则。

第四条　终止经营，是指企业满足下列条件之一的、能够单独区分的组成部分，且该组成部分已经处置或划分为持有待售类别：

（一）该组成部分代表一项独立的主要业务或一个单独的主要经营地区；

（二）该组成部分是拟对一项独立的主要业务或一个单独的主要经营地区进行处置的一项相关联计划的一部分；

（三）该组成部分是专为转售而取得的子公司。

第二章　持有待售的非流动资产或处置组的分类

第五条　企业主要通过出售（包括具有商业实质的非货币性资产交换，下同）而非持续使用一项非流动资产或处置组收回其账面价值的，应当将其划分为持有待售类别。

第六条　非流动资产或处置组划分为持有待售类别，应当同时满足下列条件：

（一）根据类似交易中出售此类资产或处置组的惯例，在当前状况下即可立即出售；

（二）出售极可能发生，即企业已经就一项出售计划作出决议且获得确定的购买承诺，预计出售将在一年内完成。有关规定要求企业相关权力机构或者监管部门批准后方可出售的，应当已经获得批准。

确定的购买承诺，是指企业与其他方签订的具有法律约束力的购买协议，该协议包含交易价格、时间和足够严厉的违约惩罚等重要条款，使协议出现重大调整或者撤销的可能性极小。

第七条 企业专为转售而取得的非流动资产或处置组，在取得日满足"预计出售将在一年内完成"的规定条件，且短期（通常为3个月）内很可能满足持有待售类别的其他划分条件的，企业应当在取得日将其划分为持有待售类别。

第八条 因企业无法控制的下列原因之一，导致非关联方之间的交易未能在一年内完成，且有充分证据表明企业仍然承诺出售非流动资产或处置组的，企业应当继续将非流动资产或处置组划分为持有待售类别：

（一）买方或其他方意外设定导致出售延期的条件，企业针对这些条件已经及时采取行动，且预计能够自设定导致出售延期的条件起一年内顺利化解延期因素；

（二）因发生罕见情况，导致持有待售的非流动资产或处置组未能在一年内完成出售，企业在最初一年内已经针对这些新情况采取必要措施且重新满足了持有待售类别的划分条件。

第九条 持有待售的非流动资产或处置组不再满足持有待售类别划分条件的，企业不应当继续将其划分为持有待售类别。

部分资产或负债从持有待售的处置组中移除后，处置组中剩余资产或负债新组成的处置组仍然满足持有待售类别划分条件的，企业应当将新组成的处置组划分为持有待售类别，否则应当将满足持有待售类别划分条件的非流动资产单独划分为持有待售类别。

第十条 企业因出售对子公司的投资等原因导致其丧失对子公司控制权的，无论出售后企业是否保留部分权益性投资，应当在拟出售的对子公司投资满足持有待售类别划分条件时，在母公司个别财务报表中将对子公司投资整体划分为持有待售类别，在合并财务报表中将子公司所有资产和负债划分为持有待售类别。

第十一条 企业不应当将拟结束使用而非出售的非流动资产或处置组划分为持有待售类别。

第三章 持有待售的非流动资产或处置组的计量

第十二条 企业将非流动资产或处置组首次划分为持有待售类别前，应当按照相关会计准则规定计量非流动资产或处置组中各项资产和负债的账面价值。

第十三条 企业初始计量或在资产负债表日重新计量持有待售的非流动资产或处置组时，其账面价值高于公允价值减去出售费用后的净额的，应当将账面价值减记至公允价值减去出售费用后的净额，减记的金额确认为资产减值损失，计入当期损益，同时计提持有待售资产减值准备。

第十四条 对于取得日划分为持有待售类别的非流动资产或处置组，企业应当在初始计量时比较假定其不划分为持有待售类别情况下的初始计量金额和公允价值减去出售费用后的净额，以两者孰低计量。除企业合并中取得的非流动资产或处置组外，由非流动资产或处置组以公允价值减去出售费用后的净额作为初始计量金额而产生的差额，应当计入当期损益。

第十五条　企业在资产负债表日重新计量持有待售的处置组时，应当首先按照相关会计准则规定计量处置组中不适用本准则计量规定的资产和负债的账面价值，然后按照本准则第十三条的规定进行会计处理。

第十六条　对于持有待售的处置组确认的资产减值损失金额，应当先抵减处置组中商誉的账面价值，再根据处置组中适用本准则计量规定的各项非流动资产账面价值所占比重，按比例抵减其账面价值。

第十七条　后续资产负债表日持有待售的非流动资产公允价值减去出售费用后的净额增加的，以前减记的金额应当予以恢复，并在划分为持有待售类别后确认的资产减值损失金额内转回，转回金额计入当期损益。划分为持有待售类别前确认的资产减值损失不得转回。

第十八条　后续资产负债表日持有待售的处置组公允价值减去出售费用后的净额增加的，以前减记的金额应当予以恢复，并在划分为持有待售类别后适用本准则计量规定的非流动资产确认的资产减值损失金额内转回，转回金额计入当期损益。已抵减的商誉账面价值，以及适用本准则计量规定的非流动资产在划分为持有待售类别前确认的资产减值损失不得转回。

第十九条　持有待售的处置组确认的资产减值损失后续转回金额，应当根据处置组中除商誉外适用本准则计量规定的各项非流动资产账面价值所占比重，按比例增加其账面价值。

第二十条　持有待售的非流动资产或处置组中的非流动资产不应计提折旧或摊销，持有待售的处置组中负债的利息和其他费用应当继续予以确认。

第二十一条　非流动资产或处置组因不再满足持有待售类别的划分条件而不再继续划分为持有待售类别或非流动资产从持有待售

的处置组中移除时,应当按照以下两者孰低计量:

(一)划分为持有待售类别前的账面价值,按照假定不划分为持有待售类别情况下本应确认的折旧、摊销或减值等进行调整后的金额;

(二)可收回金额。

第二十二条 企业终止确认持有待售的非流动资产或处置组时,应当将尚未确认的利得或损失计入当期损益。

第四章 列 报

第二十三条 企业应当在资产负债表中区别于其他资产单独列示持有待售的非流动资产或持有待售的处置组中的资产,区别于其他负债单独列示持有待售的处置组中的负债。持有待售的非流动资产或持有待售的处置组中的资产与持有待售的处置组中的负债不应当相互抵销,应当分别作为流动资产和流动负债列示。

第二十四条 企业应当在利润表中分别列示持续经营损益和终止经营损益。不符合终止经营定义的持有待售的非流动资产或处置组,其减值损失和转回金额及处置损益应当作为持续经营损益列报。终止经营的减值损失和转回金额等经营损益及处置损益应当作为终止经营损益列报。

第二十五条 企业应当在附注中披露下列信息:

(一)持有待售的非流动资产或处置组的出售费用和主要类别,以及每个类别的账面价值和公允价值;

(二)持有待售的非流动资产或处置组的出售原因、方式和时间安排;

(三)列报持有待售的非流动资产或处置组的分部;

(四)持有待售的非流动资产或持有待售的处置组中的资产确认

的减值损失及其转回金额；

（五）与持有待售的非流动资产或处置组有关的其他综合收益累计金额；

（六）终止经营的收入、费用、利润总额、所得税费用（收益）和净利润；

（七）终止经营的资产或处置组确认的减值损失及其转回金额；

（八）终止经营的处置损益总额、所得税费用（收益）和处置净损益；

（九）终止经营的经营活动、投资活动和筹资活动现金流量净额；

（十）归属于母公司所有者的持续经营损益和终止经营损益。

非流动资产或处置组在资产负债表日至财务报告批准报出日之间满足持有待售类别划分条件的，应当作为资产负债表日后非调整事项进行会计处理，并按照本条（一）至（三）的规定进行披露。

企业专为转售而取得的持有待售的子公司，应当按照本条（二）至（五）和（十）的规定进行披露。

第二十六条 对于当期首次满足持有待售类别划分条件的非流动资产或处置组，不应当调整可比会计期间资产负债表。

第二十七条 对于当期列报的终止经营，企业应当在当期财务报表中，将原来作为持续经营损益列报的信息重新作为可比会计期间的终止经营损益列报，并按照本准则第二十五条（六）、（七）、（九）、（十）的规定披露可比会计期间的信息。

第二十八条 拟结束使用而非出售的处置组满足终止经营定义中有关组成部分的条件的，应当自停止使用日起作为终止经营列报。

第二十九条 企业因出售对子公司的投资等原因导致其丧失对子公司控制权，且该子公司符合终止经营定义的，应当在合并利润表中列报相关终止经营损益，并按照本准则第二十五条（六）至（十）的规定进行披露。

第三十条 企业应当在利润表中将终止经营处置损益的调整金额作为终止经营损益列报,并在附注中披露调整的性质和金额。可能引起调整的情形包括:

(一)最终确定处置条款,如与买方商定交易价格调整额和补偿金;

(二)消除与处置相关的不确定因素,如确定卖方保留的环保义务或产品质量保证义务;

(三)履行与处置相关的职工薪酬支付义务。

第三十一条 非流动资产或处置组不再继续划分为持有待售类别或非流动资产从持有待售的处置组中移除的,企业应当在当期利润表中将非流动资产或处置组的账面价值调整金额作为持续经营损益列报。企业的子公司、共同经营、合营企业、联营企业以及部分对合营企业或联营企业的投资不再继续划分为持有待售类别或从持有待售的处置组中移除的,企业应当在当期财务报表中相应调整各个划分为持有待售类别后可比会计期间的比较数据。企业应当在附注中披露下列信息:

(一)企业改变非流动资产或处置组出售计划的原因;

(二)可比会计期间财务报表中受影响的项目名称和影响金额。

第三十二条 终止经营不再满足持有待售类别划分条件的,企业应当在当期财务报表中,将原来作为终止经营损益列报的信息重新作为可比会计期间的持续经营损益列报,并在附注中说明这一事实。

第五章 附 则

第三十三条 本准则自 2017 年 5 月 28 日起施行。

对于本准则施行日存在的持有待售的非流动资产、处置组和终止经营,应当采用未来适用法处理。

附录二

《企业会计准则第42号——持有待售的非流动资产、处置组和终止经营》起草说明

一、本准则的制定背景

对持有待售的非流动资产或处置组进行恰当的分类、计量和列报，对终止经营进行充分的信息披露，有助于财务报表使用者评估资产处置及终止经营的财务影响，判断未来现金流量的时间、金额和不确定性。在我国企业会计准则中，有关持有待售的非流动资产、处置组和终止经营的会计处理要求分散在《企业会计准则第2号——长期股权投资》《企业会计准则第4号——固定资产》《企业会计准则第30号——财务报表列报》及相关应用指南、解释和讲解中，这些规定为规范相关业务的会计处理发挥了一定作用，但缺少对持有待售类别的后续计量、持有待售资产减值准备计提等问题的细化规定或指引，不利于实务操作。近年来，随着企业经济业务的不断发展和创新，特别是国务院化解过剩产能、推动"三去一降一补"工作积极推进，对持有待售的非流动资产和处置组及终止经营的会计处理规定亟待补充细化，有必要制定单独的会计准则进行系统性规范，以满足财务报表使用者对财务信息相关性、及时性的需

求,不断完善我国企业会计准则体系,服务于国家供给侧结构性改革需要。

2004年3月,国际会计准则理事会发布《国际财务报告准则第5号——持有待售的非流动资产和终止经营》。此后,国际会计准则理事会又先后在发布《国际财务报告准则第11号——合营安排》《国际财务报告准则第13号——公允价值计量》《国际财务报告准则第9号——金融工具》和修订《国际会计准则第1号——财务报表列报》等准则时对《国际财务报告准则第5号》进行了修订。

为进一步规范持有待售的非流动资产和处置组的分类、计量和列报,以及终止经营的列报,提高会计信息质量,保持我国企业会计准则与国际财务报告准则的持续趋同,在借鉴《国际财务报告准则第5号》的基础上,根据我国有关准则实施以来的执行情况和征求意见过程中收集的反馈意见,结合我国企业实际情况,我们制定了《企业会计准则第42号——持有待售的非流动资产、处置组和终止经营》。

二、本准则的制定过程

基于我国企业和资本市场发展的实际需要,我们于2016年初启动了本准则的研究和起草工作,主要完成了以下工作:一是收集整理实务案例。我们收集近年来沪深两市上市公司有关持有待售的非流动资产、处置组和终止经营的案例,分析相关业务类型和会计处理,充分了解实务情况,为准则制定奠定基础。二是梳理研究相关准则。我们对分散在我国不同准则、应用指南、解释和讲解中的规范进行了收集整理,研究了现行国际财务报告准则、美国公认会计原则的有关规定,并对相关规定进行了比较研究。三是召开准则修订座谈会。组织来自证监会、国资委、沪深交易所等监管机构,以及企业、会计师事务所、高等院校的代表，就本准则具体技术问题进行了深入探讨。四是开展实地调研。通过电话访谈、座谈等方式，向开展相关业务的企业和审计相关业务的事务所了解情况，多方听取意见和建议。五是公开征求意见。

在深入调查研究和广泛听取意见的基础上，我们对本准则初稿反复修改完善，形成本准则征求意见稿，于2016年8月1日印发，向社会公开征求意见。截至2017年2月13日，我们共收到62份反馈意见。反馈意见总体支持就持有待售的非流动资产、处置组和终止经营制定单独的准则，同时对持有待售类别的划分条件、持有待售资产减值的转回、终止经营的列报等问题提出了很好的意见和建议。我们认真研究并充分吸收了反馈意见提出的意见和建议，经批准后予以发布。

在本准则起草和公开征求意见过程中，我们还和国际会计准则理事会、香港会计师公会等进行了充分沟通，听取了国内国际各方面意见。

本准则于2017年4月28日正式发布，并要求自2017年5月28日起在所有执行企业会计准则的企业范围内执行。

三、关于本准则的适用范围

本准则中关于分类和列报的规定适用于所有非流动资产，但计量规定排除了部分项目，具体包括两类。一是已按公允价值进行计量，且公允价值的变动确认为损益，包括：（1）采用公允价值模式进行后续计量的投资性房地产，适用《企业会计准则第3号——投资性房地产》；（2）采用公允价值减去出售费用后的净额计量的生物资产，适用《企业会计准则第5号——生物资产》；（3）由金融工具相关会计准则规范的金融资产，适用金融工具相关会计准则。

二是难以确定其公允价值减去出售费用后的净额，包括：（1）职工薪酬形成的资产，适用《企业会计准则第9号——职工薪酬》；（2）递延所得税资产，适用《企业会计准则第18号——所得税》；（3）由保险合同相关会计准则规范的保险合同所产生的权利，适用保险合同相关会计准则。

四、关于持有待售类别的划分条件

本准则沿用了现行准则对持有待售类别划分条件的规定，非流动资产或处置组划分为持有待售类别，应当同时满足两个条件：一是根据类似交易中出售此类资产或处置组的惯例，在当前状况下即可立即出售；二是出售极可能发生，即企业已经就一项出售计划作出决议且获得确定的购买承诺，预计出售将在一年内完成。有关规定要求企业相关权力机构或者监管部门批准后方可出售的，应当已经获得批准。

除满足其他条件外，企业必须在获得确定的购买承诺后才能将相关的非流动资产或处置组划分为持有待售类别。这一要求比国际财务报告准则更为严格，主要考虑到根据过去几年的准则执行经验，较为严格且明确的划分条件便于企业和会计师事务所执行，有利于防范企业利用持有待售类别操纵利润，便于监管机构监管。反馈意见整体同意这一原则，认为更符合中国实际情况。

本准则还借鉴国际财务报告准则，允许在意外或罕见情况下，放松"出售将在一年内完成"的要求，从而更符合实务中经济业务的实际情况。

五、关于丧失对子公司控制权的会计处理

企业因出售对子公司的投资等原因导致其丧失对子公司控制权

后，企业将以对联营企业、合营企业或者金融资产投资的形式保留在原子公司中的部分权益性投资或者丧失全部权益。丧失控制权是一项改变投资性质的重大经济事项，母子公司关系不复存在，取而代之的是与前母子公司关系显著不同的投资方与被投资方关系，或者投资关系完全消失。因此，本准则要求在拟出售的对子公司投资满足持有待售类别划分条件时，确认和计量全新的投资方与被投资方关系，即母公司个别财务报表中对子公司投资整体划分为持有待售类别，而不仅将拟处置的部分投资划分为持有待售类别；在合并财务报表中将子公司所有资产和负债划分为持有待售类别，而不是仅将拟处置的部分投资对应的资产和负债划分为持有待售类别。

六、关于持有待售资产不再计提折旧

有些意见认为，对于仍在经营中使用的持有待售的固定资产或处置组中的固定资产，如果停止对其计提折旧将违背"资产成本应在通过使用而受益的各期内分配"这一基本会计原则。本准则认为，持有待售的固定资产或处置组中的固定资产虽然在经营中可能继续使用，但通过该使用收回的账面价值相对于出售而言是微不足道或附带发生的，因此对该资产的会计处理应当是重新计量的过程，而不是价值分配的过程。而且，资产在经过账面价值与公允价值减去出售费用后的净额孰低计量后，再计提折旧将使其账面价值低于公允价值减去出售费用后的净额。因此，本准则规定持有待售的非流动资产或处置组中的非流动资产不应计提折旧，划分为持有待售类别至最终出售期间发生的账面价值减少，应当确认为减值损失。按此原则，无形资产也不再摊销。对于拟结束使用而非出售的固定资产，其账面价值仍然主要通过持续使用收回，本准则规定其不属于持有待售类别，因此应继续计提折旧。

七、关于资产减值转回的会计处理

针对持有待售的非流动资产或处置组确认的减值损失是否允许转回问题,由于相关资产的性质在划分为持有待售类别后已经由非流动资产转化为流动资产,同时考虑到与《企业会计准则第8号——资产减值》的规定相一致,本准则只允许将划分为持有待售类别后确认的持有待售资产减值损失转回(商誉除外),不允许将划分为持有待售类别前确认的长期资产减值损失转回。反馈意见整体同意上述有关资产减值转回的规定。

八、关于持有待售相关资产和负债的列报

有些意见认为,划分为持有待售的资产和负债如何在财务报表中列报应当在本准则中加以规范和明确,建议在资产负债表资产类增加单项列示"持有待售资产",在负债类增加单项列示"持有待售负债",并明确作为流动资产和流动负债列报。本准则充分考虑并吸收了这些反馈意见者的建议,持有待售非流动资产或处置组的价值收回主要通过出售而非持续使用,因此应当予以单独列报。本准则规定,企业应当在资产负债表中区别于其他资产单独列示持有待售的非流动资产或持有待售的处置组中的资产,区别于其他负债单独列示持有待售的处置组中的负债。持有待售的非流动资产或持有待售的处置组中的资产与持有待售的处置组中的负债不应当相互抵销,应当分别作为流动资产和流动负债列示。

九、关于终止经营的列报

本准则要求,在利润表中分别列示持续经营损益和终止经营损

益，在附注中进一步披露有关终止经营损益和现金流量的详尽信息。在利润表主表中将持续经营与终止经营分开反映、增加有关终止经营损益的信息，有利于财务报表更客观真实地反映企业经营成果，有利于报表使用者了解哪些经营预期将无法为企业创造现金流量。但如果在报表中提供过多有关终止经营的信息，可能造成冗余，降低报表使用者对重要信息的关注度，而且终止经营在未来能够产生的现金流量十分有限，以汇总金额披露应该能够满足报表使用者的基本需求。因此，本准则要求在利润表中单独列示项目反映终止经营损益，其他细化信息则在附注中进一步披露。反馈意见整体认可这种列报方式。